LIVRET EXPLICATIF

Des Ouvrages d'Art admis à l'Exposition

DE LA SOCIÉTÉ

DES

AMIS DES ARTS DE PAU

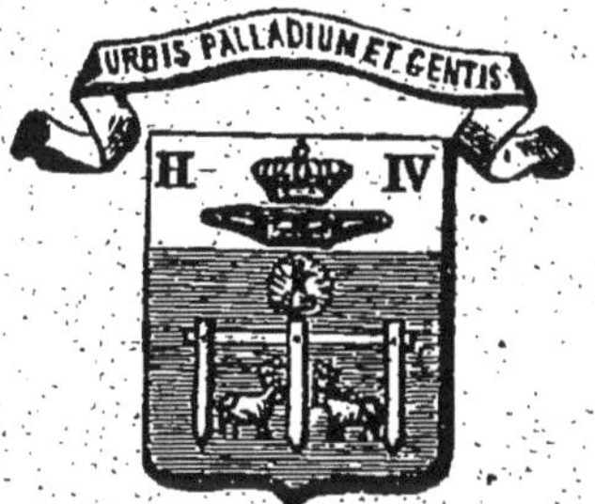

EXPOSITION DE 1873

DU 1er MARS AU 1er MAI.

Prix : 50 centimes.

PAU,

SALLES DE L'EXPOSITION

Au Musée de la Ville, rue Henri IV.

SOCIÉTÉ DES AMIS DES ARTS

DE PAU.

NEUVIÈME ANNÉE.

EXPOSITION DE 1873.

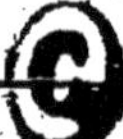

PAU, IMPRIMERIE É. VIGNANCOUR.

LIVRET EXPLICATIF

Des Ouvrages d'Art admis à l'Exposition

DE LA SOCIÉTÉ

DES

AMIS DES ARTS DE PAU

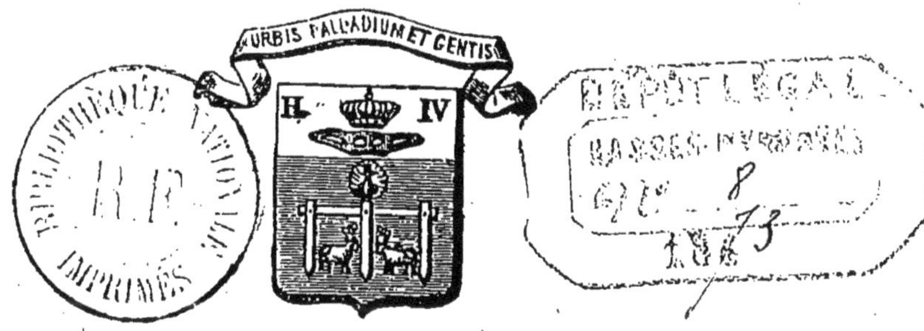

EXPOSITION DE 1873

DU 1er MARS AU 1er MAI.

Prix : 50 centimes.

PAU,

SALLES DE L'EXPOSITION

Au Musée de la Ville, rue Henri IV.

EXPLICATION

DES SIGNES ET ABRÉVIATIONS.

Les +, indiquent les ouvrages appartenant aux Artistes et dont le prix est inscrit au Secrétariat.

Le signe — indique que les ouvrages ne sont pas à vendre.

❋, Chevalier de l'Ordre de la Légion-d'Honneur.

O. ❋, Officier   id.

C. ❋, Commandeur   id.

❋, Ordres étrangers.

<h1 style="text-align:center">AVIS.</h1>

<hr>

L'Exposition est ouverte tous les jours de **midi** à **5** heures et le Dimanche de **10** heures à **5** heures.

Prix d'Entrée :

Tous les jours de la semaine. 0 fr. 50 c.
Le Dimanche.............. 0 fr. 25 c.

NOTA, — Les Agents ne doivent accepter aucune gratification.

<hr>

Les Artistes Exposants et les Membres de la Société qui seuls ont droit à l'entrée gratuite, reçoivent des cartes qui leur sont *exclusivement personnelles.*

Prêter ces cartes serait enlever à la Société une recette destinée à l'alléger d'une partie des frais de transport des tableaux.

Le produit des cotisations des Membres de la Société

et les Recettes de toute nature sont intégralement employés, déduction faite des frais, à des acquisitions d'œuvres d'art ayant figuré à l'Exposition et qui seront, dans une loterie finale et en assemblée générale, répartis par la voie du sort entre les Membres de la Société, en raison du nombre d'actions souscrites par chacun d'eux. Chacune de ces actions donne un droit égal au tirage.

Le prix de chaque action est de *vingt-cinq francs*.

Est Membre de la Société, pendant l'année de sa souscription, toute personne ayant souscrit une ou plusieurs actions.

La liste des Membres est affichée à l'entrée des Salles de l'Exposition.

On souscrit les actions soit chez M. Raymond DUFAU, Trésorier de la Société, rue du Lycée, 25, soit dans le local même de l'Exposition au bureau de l'Agent.

EXTRAIT DES STATUTS

ADOPTÉS EN ASSEMBLÉE GÉNÉRALE

dans la Séance du 29 Avril 1863.

Art. 1er. Une Société des *Amis des Arts* est fondée à Pau dans le but de propager le goût des Arts et d'en favoriser la culture et les progrès au moyen d'Expositions publiques et d'acquisitions d'Objets d'art choisis parmi ceux exposés.

Art. 2. Les Objets d'art acquis par la Société sont partagés par la voie du sort entre tous les Sociétaires porteurs d'une ou de plusieurs souscriptions nominales de vingt-cinq francs chacune.

Art. 23. La liste des Membres ayant payé le montant de leur cotisation est placée à l'entrée des Salles et donne aux Membres inscrits droit d'entrée gratuite.

Art. 24. Pendant toute la durée de l'Exposition, une liste supplémentaire reste ouverte pour recevoir de nouvelles souscriptions.

Cette liste sera close le jour de la loterie qui sera ultérieurement indiqué.

Art. 27. Tous les ouvrages acquis par la Société sont distribués par la voie du sort en assemblée générale entre les Membres souscripteurs en raison du nombre d'actions souscrites par chacun d'eux.

SOCIÉTÉ DES AMIS DES ARTS DE PAU.

Commission administrative :

S. A. R. L'Infant DON SÉBASTIEN Gabriel de Bourbon et de Bragance, Président d'honneur.

M. LE CŒUR (Ch.). Président honoraire.

MM. Stewart ✻ (G. O. ✻ ✻), Président.
Manescau (O. ✻), Vice-Président.
Paul Belin, Secrétaire.
Cherfils (Alph.)
Duc de Pastrana (G. ✠), Grand d'Espagne.
Sers ✻✻.
Castarède (de).
Salettes (de).
R. Dufau, Trésorier.

Membres étrangers adjoints par la Commission pour compléter le jury de 1873.

MM. Chandless.
Cheuvreux.

LISTE

DES MEMBRES DE LA SOCIÉTÉ.

S. A. R. L'INFANT DON SÉBASTIEN.

MM. *Abaroa (F. de).

    *Abaroa (P. de).

    Adoue (Mlle).

    *Archdeacon.

    Arriu, négociant.

    Barraute (Comte de).

    Barthe, député.

    Bégué, négociant.

    *Belin (Paul), banquier.

    Blanc (J.-B.), négociant.

    Blandin, avocat.

    Boala, négociant.

    Bonnemason, Conseiller municipal.

    Bordes.

    Boscary de Romaine père.

Le signe (*) indique les Sociétaires ayant plusieurs actions.

MM. Boscary de Romaine (Henri).

Bouillé (Comte Roger de).

Bozano, avoué, Conseiller municipal.

Buron, banquier.

*Burton.

Cailloux, percepteur.

Camy.

Carayon-Latour (Baron de).

Dr Cassou.

Castarède (de).

Cazenave, docteur médecin.

Cazenave de la Roche, docteur médecin.

*Chandless.

* Cherfils (Alph.).

Cherisey (Marquis de).

Chesnelong, député.

*Cheuvreux.

Church, v.-consul de S. M. Britannique.

Courrèges d'Agnos.

Daran (Madame).

*Daran (Ernest).

Dejean (Vicomte).

Drake (Jacques).

Drake (Emmanuel).

Drake (Mad.), de Billère.

Duboué, docteur médecin.

MM. Ed Dubreuil, négociant.

Ducout (Pedro).

Ducout (Prosper).

Dufau (Raymond).

Dumoulou, architecte.

Du Pont, anc. insp. général des haras.

Dupont, greffier au tribunal civil.

Durand (Auguste).

Elie, receveur de l'hospice.

Fonseca (Baron de).

*Francez (Justin), banquier.

François-Saint-Maur, prés. de chambre.

Frouart, anc. dir. des contr. indirect.

Garet, Conseiller municipal.

Genreau, ingénieur des mines.

Gérard.

Ginot.

Griffith.

Grimston.

Guibert, ingénieur.

Guillemin, de Gan.

Heid, négociant.

Huchting.

Jervis Edwards.

Jolin.

Lacaze, vérificateur des domaines.

MM. Dr Lacoste.

Lafon, libraire.

P. Lafond.

H. Lafond.

*Lafourcade-Camarau, Cons. municipal.

*Lagrolet, banquier.

Lagrolet fils.

Lamotte-d'Incamps, conseiller général.

Larrouy (Fabien).

*Larrabure.

Larroze (Auguste).

Laslandes, Commandant.

Laslandes (Paul).

Lassence (Mortimer de).

Laussat (Baron de).

Lazare-Lyon (Albert).

Lèbre (Emile).

* Le Cœur (Ch.), Conseiller municipal.

* Le Cœur (Paul), avocat.

Lejeune (Mme).

*Letronne.

Lespy, secrétaire général.

Lévy, architecte.

Lestapis (de), Jules ; député.

Lestapis (de), Henri.

Longueil (Baron de).

MM. Loupot, architecte.

Luppé (Comte de), Conseiller général.

Manes, docteur médecin.

Manescau père.

Manescau (Eugène), Conseiller de préfecture.

Marcotte de Quivières, Conservateur
des forêts.

Meinadier.

Mello de Cadoval aîné.

Mello de Cadoval jeune.

Mendez (Gustave).

Mérillon aîné, banquier.

Michel.

Mott.

Mont-Réal (Comte de).

Morland.

Musgrave-Clay (de), vice-consul d'A-
mérique.

* Muxica (de).

* Nadaillac (Mis de), préfet.

Nairac (de).

Noulibos, avocat.

* O'Quin, trésorier-payeur général.

Paliard (Commandant).

* Pastrana (Duc de).

MM. Peel-Round.

Planté (A,), conseiller général.

Poeyarré, architecte.

Poeymirau, Conseiller municipal.

Pouchan (Cyprien), négociant.

Ribaut, libraire.

Riout.

Rippert (de).

Rivarés père, Conseiller général.

Rivarés (Paul), banquier.

Roussille, négociant.

Russell-Killough (Comte de).

St-Guily, architecte.

Sallé (Charles).

* Salettes (de).

Schenley.

Schenley (Mme).

Schenley (Mlle).

Scribner.

Sempé, notaire.

* Sers, Conseiller municipal.

Soubira, négociant.

Soulé, avoué.

* Stewart.

Subercaze, artiste-peintre.

Tallard, négociant.

MM. Tarras, docteur médecin.
Taylor (Sir Alexander).
Terrier (Edouard), avocat.
Tourasse.
Tournier, négociant.
Tricou père.
Tricou (E.), banquier.
Vauville (Mme de).
Veronèse, imprimeur.
* Vignancour, imprimeur.
Viguerie (Gaston), Conseiller municipal.
Viguerie (Charles), négociant.
Worhoeve (Mme(.
* Yermoloff, Conseiller général.
Zugmaïer.

LISTE DES OUVRAGES

Achetés à l'Exposition de 1872.

———

Pour le Musée de la Ville.

AUTEURS.	TABLEAUX.
MM.	
Bail...............	Le repas de quatre heures.
C. de Cock.....	Un soleil couchant dans le bois.
Dubourg (Mlle. V)	Fleurs et fruits.

Par la Société ou par les Amateurs.

MM.	
Appian.........	La Terrassé à Monaco.
Appian.........	La plage des bains à Monaco.
Armand Dumaresq	Représentant du peuple en 1792.
Aze............	Le Printemps.
Auguin........	Les Bruyères, Arcachon, effet du soir.

2

Baudit............ Crepuscule du soir (Fontainebleau).

Benouville......... Le Pic de Bigorre, Vue prise
du Pont de Jurançon (Basses-
Pyrénées).

Benouville......... Ste-Croix de Jérusalem à Rome.

Berthon........... Paysan d'Auvergne.

Bourrousse........ Maisons de Ciboure (Basses-
Pyrénées).

Brest............. Bords du Bosphore.

Chabry............ Marais d'Andernos ; crepuscule.

Chaplin........... Une page d'écriture.

Chevilliard....... Retour des Champs.

Clère............. Jeune fille des Abruzzes.

Colin (G.)........ Jeunes filles de Ciboure entrant
à l'église (Basses-Pyrénées).

Daubigny (Karl).. Les tourbières à Longpré (Pi-
cardie).

Delacroix (Mme T.) Le Christ, d'après Carlo Dolce.

Delacroix (Mme T.) La Vierge, d'après Carlo Dolce.

Desjardins........ Ruisseau dans la Creuse.

Didier (Jules).... Bœufs Romains.

Dubos (Mlle A.).. L'enfant endormi.

Dubourg (L. A.). Glaneuses.

Dubourg (L. A.). Côte de Grâce.

Dupré............. Le moulin.

Fleury (Mme A.). Grive.

Fleury (Mme A.). Bécasses
Fleury (Mme A.). Palombe.
Forestier (Mlle A.) Maison de l'Infante à St-Jean-
               de-Luz (Basses-Pyrénées).
Gardanne....... La cantine au camp.
Haussy (A d')... Une panique; route de Caen.
Henner.......... Jeune fille des environs de
               Strasbourg.
Huguet.......... Environs de Bougie; effet du
               soir.
Jervis-Edwards.. La dent de l'enfant (Haute-
    (Mme)   Savoie).
Laffitte......... Epagneuls anglais en arrêt
               sous bois.
Montaut(l'abbé X.) L'Histoire.
Montaut(l'abbé X.) Dispersion des hommes et con-
               fusion des langues.
Morin........... Les oracles des champs.
Morin........... Le loup de mer (Calvados).
Morin........... La vieille pêcheuse de moules
               (Calvados).
Moulinet........ Le déjeuner.
Moulinet....... . Le Liseur.
Noël (Jules)..... Une rue en Bretagne, la Pro-
               cession.
Noël (Jules)... Un marché en Bretagne.
Noël (Jules)... Un marché en Bretagne.

Ouvrié .... Rouen, Vue prise de la petite
                                     chaussée.
Pils............. Une fileuse, costume Béarnais.
Rosier (A). .... St-Georges Majeur, Venise; effet
                                    de nuit.
Rosier (A)...... Le canal San Marco, Venise ;
                                    soleil couchant.
Schmidt......... Un groupe de perdrix.
Serres (A)....... La lettre de recommandation.
Sinet... ...... Un buveur.
Venat........... Intérieur à St Jean-de-Luz.
Venat........... Une allée du parc de Pau.
Vergez.......... Le pont d'Orthez.
Veyrassat...... Les chevaux à l'abreuvoir.
Vernier......... Paysage, verger.
Washington..... Un fauconnier arabe.
Washington..... Cavalier Koulougli.

EXPLICATION

DES

Ouvrages admis à l'Exposition de 1873.

AVIS.

Le signe — indique que les ouvrages ne sont pas à vendre.

Tous les ouvrages dont l'indication est précédée du signe + appartiennent aux Artistes et sont à vendre.

On peut prendre connaissance des prix sur un livret particulier déposé entre les mains de l'Agent principal, dans les Salons de l'Exposition.

Le Président et le Secrétaire de la Société se mettent d'ailleurs à la disposition de MM. les Amateurs pour transmettre aux Artistes tes offres qui ponrraient leur être faites.

PEINTURE

ANTIGNA (Jean-Pierre-Alexandre),

Né à Orléans, élève de Paul Delaroche. Méd.
Paris, 3e cl. 1847 ; 2e cl. 1848 ; 1re cl. 1851 ;
3e cl. 1855 ; ✳, 1861. — *Rue Trézel, 17,
à Paris.*

1. + Réprimande.
2. + La truie récalcitrante.
3. + Jeune Bretonne de Benodet.

APPIAN (Adolphe),

Né à Lyon, élève de MM. Corot et Daubigny.
Méd. Paris 1868. — *Rue Juiverie, 4, à Lyon.*

4. + Un ruisseau à Artemarre (Ain).

ARLIN (Joanny),

Né à Lyon. — *Place Croix-Paquet*, 11 *à Lyon*.

5. + Un soir en Bresse.
6. + Neuville sur Ain ; soleil couchant.

ARNOUD (Charles),

Né à Paris.

7. + La lessive.

AUGUIN (Louis-Augustin),

Né à Rochefort (Charente-Inférieure), élève de
J. Coignet et de M. Corot. — *Rue Foy*, 5 *à*
Bordeaux.

8. + Le côteau.
9. + Le soir.
10. + Dans la dune, soleil levant : Arcachon.

AZE (Adolphe)

Né à Paris, élève de M. Robert Fleury. Méd.
Paris, 3e cl. 1851 ; Rap. 1863. — *Cité Gaillard*,
3, *à Paris*.

11. + Une lecture intéressante.

BAIL (Antoine),

Né à Chasselay (Rhône). — *Rue du Bœuf, 32, à Lyon.*

12. + Le retour du paturage.

BALLIN (Auguste-Charles-Alfred),

Né à Boulogne-sur-Mer, élève de M. J. Noël.

13. + Intérieur d'une cour de ferme à Ste-Adresse (Seine-Inférieure).

BARADE (Pierre-Louis-Gustave),

Né à Bordeaux, élève de M. Alau. — *Rue des Cordeliers, 21, à Pau.*

14. + Nature morte (Pinson, Verdier, Rouge-Gorge).
15. + Le Pic du Midi.
16. + Nature morte (Geai).

BAUDIT (Amédée).,

Né à Genève, élève de M. Diday. Méd. Paris 1859. Rap. 1861.

17. + Paysage à Ychoux , (Landes).

18. + Le moulin de St-Ouen ; effet de lune.
19. + Pivoines et Boules de Neige.
20. + Un étang à Ychoux (Landes) ; soleil couchant.

BEERNAERT (Euphrosine Mlle),

Né à Ostende (Belgique), *rue du Moulin*, 64, *à Bruxelles.*

21. + Les dunes; Zantwoort (Hollande).
22. + Kost-Verlooven,   (id.   ).

BEGUIN (Victor-Louis),

Né à Paris, élève de M. Boulard. — *Rue des Lions-Saint-Paul,* 12, *à Paris.*

23. + Environs de Champigny.
24. + Bords de la Marne.

BELINA ,

25. + Poules.

BÉNARD (Hubert-Eugène),

Né à Boulogne-sur-Mer, élève de M. Claudius Jacquand, ✠. *Rue de Calais,* 3 *et* 15, *à Boulogne-sur-Mer.*

26. + Place du Marché au Tréport.
27. + Le départ ; Tréport.

BENOUVILLE (Achille-Jean),

Né à Paris, élève de M. Picot. Premier grand prix de Rome 1845. Méd. Paris 1844. Med. 1863. ✵ 1863. — *Villa Rippert, rue Porte-Neuve, à Pau.*

28. ✝ Vue prise du pont d'Assat (Basses-Pyrénées).
29. ✝ Gave de Pau, près Bizanos (Basses-Pyrénées).
30. ✝ Pic d'Arens de la vallée d'Argelès (Hautes-Pyrénées).

BERTHON (Nicolas),

Né à Paris, élève de M. Léon Cogniet. Méd. Paris 1866. — *Rue Turgot, 23, à Paris.*

31. ✝ Un paysan, Auvergne.
32. ✝ Un intérieur, Auvergne.

BERTRAND (Ernest),

Né à Nancy, élève de M. Belloc, ✵. — *Quai de la Gare, 3, à Montpellier.*

33. ✝ Environs de Marseille.
34. ✝ Café Maure à Carthage.

BLANC (Célestin-Joseph),

Né à Clelles (Isère), élève de P. Delaroche et de M. Gleyre. — *Boulevart des Batignolles*, 29, *à Paris*.

35. + Jeune Grecque à la fenêtre.
36. + Italienne de la campagne de Naples.

BOMBLED (Charles),

Né à Amsterdam, élève de M. Schmidt. — *Rue Baudin*, 30, *à Paris*.

37. + Les Montoirs à Paris.
38. + Vedette.

BOST SIEFERT (Mme),

Née à Lyon. — *Au Pouzin* (Ardèche).

39. + Amours peignant l'arc-en-ciel.
40. + La surprise de l'amour.
41. + Le marchand d'éventails.

BOUGOURD (Auguste),

Né à Pont-Audemer (Eure), élève de M. Bellel. — *A Pont-Audemer, route de Rouen*.

42. + Un village au printemps.

BOUILLÈ (Comte Roger de),

Né à Nevers (Nièvre), élève de M. Girard. — *Rue Bayard , à Pau.*

43. — Salon du Pic du Ger.
44. — Cîme du Gabisos.
45. — Crêtes d'Anouillasse.

BOUILLON LANDAIS (Louis),

Né à Marseille, élève d'Emile Loubon. — *Musée des Beaux-Arts, au palais de Longchamp , à Marseille.*

46. — ✝ Bateaux Catalans, soleil couchant ; (environs de Marseille).

BOULANGÉ (Jean-Baptiste-Louis),

Né à Verzy (Marne), élève d'E. Delacroix et de M. Paris. Méd. Paris 1859. — *Rue de Paris, 76, aux Lilas, (Seine).*

47. — ✝ Après l'orage ; environs de Romainville (Seine).
48. — ✝ Paysage dans les Ardennes.

BOUROUSSE (Aristide),

Né à Nérac (Lot-et-Garonne), élève de M. Yvon.
— *A Ciboure* (Basses-Pyrénées).

49. + Une fontaine dans les Landes.
50. + Le moulin.

BOUTERWECK (Madame veuve),

Elève de Paul Delaroche et de son mari. —
à Bougival, près Paris.

51. + Flore.

BOZE (Honoré),

Né à l'Ile Maurice, élève d'E. Loubon. — *Rue de l'Obélisque, 15, à Marseille.*

52. + Halte dans un bois.
53. + L'abreuvoir.

BRISSOT DE WARVILLE (Félix-Saturnin),

Né à Sens (Yonne), élève de M. L. Cogniet.

54. + Moutons dans la prairie.

BROCHART (Constant),

Né à Lille, élève de l'Ecole des Beaux-Arts de Lille. — *Rue Lamandé, 16, à Paris-Batignolles.*

45. + Jeune fille de la Kabylie.
46. + Jeune fille de la Kabylie.

BRUNET-DEBAINES (Alfred),

Né au Hâvre (Seine-Inférieure), élève de MM. Pils, Gaucherel et Lalanne. Méd. Paris 1872. — *Rue de Canstantinople, 18, Paris.*

47. + Un moulin sur le Loir près Vendôme (Fusain).
48. + Hôtel-Dieu de Paris; derniers vestiges du pont St-Charles (Eau forte).

BRUNNER-LACOSTE (Henri) ,

Né à Paris, élève de MM. G. Brunner et Le Poittevin. — *Place St-Michel, 5, à Paris.*

49. + Le Matin.

CAILLOT (Edouard), Lieutenant-Colonel du 18ᵉ Régiment de ligne.

Né à Strasbourg. — *Rue Marca, 17, à Pau.*

50. — Femmes des Ouled-Nayl à Msila (Province de Constantine, Algérie).

CAMINO (Charles),

Né à Saint-Etienne (Loire). Méd. Paris 1869. — *Rue de Rocroy, 2, à Paris.*

51. + Le Repos.
52. + Arabes au bord de la mer.

CANTEGRIL (Félix-Eugène),

Né à Bordeaux, élève de M. Auguin. — *Rue Duranteau, 45, à Bordeaux.*

53. + Bords de la Leyre; clair de lune.

CASSAGNE (Armand),

Né au Landin (Eure). — *Rue du Bac, 12, à Paris.*

54. + Royat (Auvergne).
55. + Intérieur d'écurie, (Nice).
56. + Le Matin.

CHABRY (Léonce) ,

Né à Bordeaux. — *Cours du Chapeau-Rouge*,
19 , à Bordeaux.

57. ✝ Le troupeau ; chemin du Chenau-
    moine, (Charente-Inférieure).
58. ✝ Bords de la Senne (Belgique).
59. ✝ Chemin d'Anlios, Didonne (Charente-
    Inférieure).

CHAPLIN (Charles) ,

Né aux Andelys (Eure), élève de Drolling. Méd.
Paris, 3e cl. 1851 ; 2e cl. 1852 ; Méd. 1865 ;
✳ 1865. — *Rue de Lisbonne , 25 , à Paris.*

60. ✝ La Tourterelle.

CHATAUD (Marc-Alfred) ,

Né à Marseille , élève de E. Loubon. — *Rue
Lepic, 46, à Paris-Montmartre.*

61. ✝ Une querelle dans la rue Sidi-Ali ,
    à Alger.

CHAUVIER DE LÉON (Georges-Ernest),

Né à Paris, élève de E. Loubon. — *Rue Saint-Jacques, 39 , à Marseille.*

62. + Marais et étang en Camargue.
63. + Cabane de pêcheur en Camargue.

CHERELLE (Léger),

Né à Versailles, élève d'E. Delacroix. — *Rue de Lubeck, 20, à Paris.*

64. + Perdrix.
65. + La dispute.
66. + Le Chien fidèle.

CHEVILLIARD (Vincent),

Né en Italie de parents français, élève de Picot et de M. Cabanel. — *A Barbizon* (Seine-et-Marne).

67. + Le Nid.
68. + Jeune Femme à la marguerite.
69. + Sous les pins (Forêt de Fontainebleau).
70. + La porte des champs.

CLAUDE (Eugène),

Né à Toulouse (Haute-Garonne).

71. + Pêches.
72. + Marguerites.

CLÈRE (Jacques-François-Camille),

Né à Anzin (Nord), élève de M. L. Cogniet, ✻
— *Rue Lafayette*, 126, *à Paris.*

73. + La Chasse.

COLIN (Gustave),

Né à Arras (Pas-de-Calais). — *Rue d'Amsterdam,*
77, *à Paris.*

74. + L'Etang aux poules d'eau.

CONTANT (Jules),

Né à Bordeaux, élève de Picot. — *A Libourne*
(Gironde).

75. + Chevaux rentrant du pacage.
76. + Intérieur de cuisine.

COOL née FORTIN (Mme Delphine, de),

Née à Limoges, *Rue de Rennes*, 89, *à Paris.*

77. + L'Odalisque, d'après Ingres.
78. + Jeune Egyptienne.
79. + Email Limousin.

COOSEMANS (Théodore-Joseph),

Né à Bruxelles. — *A Tervueren-lès-Bruxelle*
(Belgique).

80. + Chemin boisé.

CORBISET (Mlle Eugénie),

Née à Paris, élève de M. Gudin. *Rue Berna-
dotte*, 13, *à Pau.*

81. — La leçon de flageolet.
82. — Gouache.

CORPET (Étienne),

Né à Paris, élève de MM. Lesourd-Beauregard et
Maisiat. — *Rue de Charonne*, 158, *à Paris,*

83. + Des roses.

COUBERTIN (Charles de),

Né à Paris, élève de Picot, ❋ 1865. — *Rue Oudinot, 20, à Paris.*

84. + La salle du Concile dans St-Pierre de Rome.

85. + La fille du pêcheur.

CRESPELLE (Emile),

Né à Douai (Nord), élève de M. Corot. — *Grande Rue, 42, à Château-Thierry* (Aisne).

86. + Un panier de cerises.

DALIPHARD (Edouard),

Né à Rouen, Elève de M. G. Morin. — *Rue Carnot, 5 bis, à Paris.*

87. + Le fort du Socoa près St-Jean-de-Luz.

88. + Une péniche; bords de la Seine près Poissy.

DARDOIZE (Emile-Louis),

Né à Paris. — *Rue de l'Eperon*, 12, *à Paris*.

89. + Sous bois.
90. + Effet de lune.
91. + Soleil couchant après la pluie.
92. + Environs de Pontoise.

DARRAS (Panl-Edouard-Alfred),

Capitaine d'état-major ,

Né à Dijon , élève de M. Grandsire. — *A l'Ecole Militaire* , Pavillon d'Honneur, *à Paris*.

93. + Souvenirs du blocus de Metz.
94. +   id.   id.   id.
95. +   id.   id.   id.
96. +   id.   id.   id.

De COCK (César),

Né à Gand (Belgique). Méd. Paris 1867 et 1869.

97. + Paysage.

DEFAUX (Alexandre),

Né à Bercy. — *Chez M. Eliot, Boulevard Voltaire , 234, à Paris.*

98. — Après la pluie.
(Appartient à M. Maréchal.)
99. + La rivière d'Yères.
100. + Etretat.

DELAMBRE (Léon),

Né à Paris, élève de M. Louis Boulangé. — *Rue de Chabrol, 48, à Paris.*

101. + Allée de charmes.

DESBROSSES (Léopold),

Né à Bouchain (Nord), élève de Paul Delaroche et de M. Corot.—*Rue de Vanves, 46, à Paris.*

102. + Intérieur.

DESHAYES (Charles-Félix-Edouard),

Né à Toulon (Var), élève de MM. Sénéquier et Français.

103. + Environs de Cernay.
104. + Soleil couchant.
105. + Farniente.

DESJARDINS (Louis-Léon),

Né à Amiens (Somme), éiève de Horace Vernet. —
A Guéret (Creuse).

106. + Entrée de village ; effet d'automne
(Creuse).
107. + Paturage dans la Creuse.

DEVEDEUX (Louis),

Né à Clermont-Ferrand (Puy-de-Dôme), élève de
Paul Delaroche.

108. + Entrée de la forêt St-Germain.

DEVOS (Julien),

Né à Bailleul (Nord), élève de MM. Cabanel et
Colas. — *Rue d'Albuféra,* 106, *à Vernon*
(Eure).

109. + Corbeille de fleurs.
110. + Convalescente en 1871.

DIDIER (Jules),

Né à Paris, élève de MM. Léon Cogniet et J. Laurens. Prix de Rome 1857. Méd. Paris 1866. 1869. — *Rue de Vaugirard, 59, à Paris.*

111. + Un abreuvoir dans les montagnes (Italie).
112. + Pêcheurs raccomodant leurs filets.
113. + Cavaliers éclaireurs.

DOZE (Jean-Marie-Melchior),

Né à Uzès (Gard), élève de M. Félon. — *Bou levard du Grand-Cours, 19, à Nîmes* (Gard)

114. + Jeune fille à la fontaine.

DUBOS (Mlle Angèle),

Née à l'Aigle (Orne), élève de M. C. Chaplin. — *Rue de Bruxelles, 30, à Paris.*

115. + Jeune fille au papillon.

DUBOURG (Mlle Victoria),

Née à Paris.— *Rue de l'Université*, 19, *à Paris.*

116. + Fraises et roses blanches.
117. + Fleurs et fruits.

DUBOURG (Louis-Alexandre),

Né à Honfleur (Calvados), élève de M. L. Cogniet.
— *A Honfleur* (Calvados).

118. + La ferme Saint-Siméon.
119. + Matinée d'automne; le berger.
120. + La fenaison.

DUPRÉ (Victor),

Né à Limoges, élève de M. J. Dupré. Méd.
Paris 3ᵉ cl., 1849.

121. + Environs de Coutances.
122. + Environs de Vire.
122. + Environs de Trouville.

ELLIS (Iristram , J.),

Né en Angleterre. — *Argyll-Road*, 25, *Kensington , à Londres.*

123. + Le vieux pont à Louvie.
124. + Le pas de l'échelle.
125. + A côté de la route de Luz à Barèges.

FABRE (Jules),

Né à Orléans (Loiret), élève de **M. Chouppe.** — *Rue Sablière, à Oloron-Ste-Marie* (Basses-Pyrénées).

126. + Portrait.
127. + Le gave près de Navarrenx (Basses-Pyrénées).
128. + Soleil couchant.

FAUVEL (Hippolyte) ,

Né à Amiens (Somme), élève de **M. Yvon.** — *Rue de Douai*, 39, *à Paris.*

129. + Les bords du lac du Bourget (Savoie).
130. + Un chemin à Villiers Neauphle (Seine et Oise).

FLEURY (Arsinoë , Mme),

Née à Villeneuve de Pichagut (Dordogne). — *Rue de l'Eglise St-Seurin , 62 , à Bordeaux.*

131. + Bouvreuil.
132. + Grive.
133. + Pie-Grièche.
134. + Pic-vert rouge.
135. + Pinson.
136. + Perdrix.

FONTENAY (Alexis de),

Né à Paris , élève de MM. Hersent et Watelet. Méd. Paris 3e cl. 1841 ; 2e cl. 1844. Rap. 1861 et 1863. — *Quai du Louvre, 8, à Paris.*

137. + La cabane du Douanier, au bas de la côte d'Houfleur, embouchure de la Seine.

FORESTIER (Mlle Alice de),

Née à Paris, élève de M. C. de Cock. — *Rue Godot de Mauroy, 10, à Paris.*

138. + Chariot Béarnais , départ pour le marché.
139. + Les ânes au pacage.

FOUBERT (Emile) ,

Né à Paris, élève de M. Achille Zo. — *Ecole de peinture, à Bayonne* (Basses-Pyrénées).

140. ╬ Un coin de l'atelier.

FRÈRE (Pierre-Edouard) ,

Né à Paris, élève de Paul Delaroche. Méd. Paris 3e cl. 1851 ; 2e cl. 1852 ; 3e cl. 1855 ; ✳ 1855.

141. ╬ Joueur d'orgue.

GAB (Mme J.) ,

Née à Paris. — *Avenue Dufau, chemin Coudert, à Pau.*

142. — Nature morte.
143. — Fruits.

GALERNE (Prosper),

Né à Patay (Loiret), élève de Le Poittevin et de M. Durand-Brager. — *Rue Casimir-Périer, 27, à Paris.*

144. ╬ La mare de Suresnes, à Longchamps (Seine).

GALETTI ,

145. + Paysage.

GARDANNE (Auguste),

Né a Ancône (Italie) de parents français , élève de MM. Yvon et L. Cogniet. — *Rue Poccard, 9, à Levallois-Perret* (Seine).

146. + Le renseignement : Lancier de l'ex-garde Impériale.
147. + La halte.
148. + Cavalier au bivouac.

GASSIES (Georges),

Né à Paris , élève de Drolling et de M. Biennoury. —*A Barbizon près Melun* (Seine-et-Marne).

149. + La rivière de Courseules, au moulin de Graye (Calvados).
150. + Pleine lune ; marée basse.

GEORGET (Jean-Charles),

Né à Paris. — *A Dammarie-les-Lys* (Seine-et-Marne).

151. + Paysage ; forêt de Fontainebleau.

GLAIZE (Auguste-Bárthelemy),

Né à Montpellier, élève d'Achille et d'Eugène Devéria. Méd. Paris. 3e cl. 1842. 2e cl. 1844. 1re cl. 1845 2e cl. 1848 et 1855. ✳ 1855.— *Rue de Vaugirard, 95, à Paris.*

152. + La Propagande.

GORSE (André),

Né à Pau, élève de son père. — *Avenue Porte-Neuve, 36, à Pau.*

153. + Forêt de pins du Marcadan (Hautes-Pyrénées).
154. + Sentier dans la montagne.

GOSSELIN (Charles),

Né à Paris, élève de MM. Gleyre et Ch. Busson. Méd. Paris 1865. 1870. — *Chez M. Billou, rue de Chateaudun, 57, à Paris.*

155. + Vue de l'Isle Adam (Seine et Oise).
156. + Bords de l'Oise.
157. + Paturage.

DU GRAVIER (Pierre-Adolphe),

Capitaine au 18e Régiment de Ligne ,

Né à St-Yrieix (Haute-Vienne). — *Rue de Bordeaux, 42, à Pau.*

158. — Cimetière Musulman, près Constantinople.

159. — Vue prise du troisième plateau du Goursy, (Eaux-Bonnes).

GUDIN (Théodore),

Né à Paris, élève de Girodet. Méd. Paris 2e cl. 1824. ✳ 1828. O ✳ 1841. 1re cl. 1848 et 1855. C ✳ 1855.

160. ✝ Naufragés.

GUEDY (Jules) ,

Né à Grenoble (Isère), élève de M. Gudin. — *Rue de Seine, 59, à Paris.*

161. ✝ Le bout du Monde, près Grenoble.

GUEDY (Eugène),

Né à Grenoble, élève de M. Jules Guédy. —
Place du Palais, 9, à Pau.

162. + Les Pyrénées, vallée de Jurançon ;
Vue prise du Parc de Pau (Basses-
Pyrénées).

GUILLEMER (Ernest),

Né à Senlis (Oise).

163. + Paysage à Samois (Seine et Marne).
164. + La plaine de Samois (id.   ).

GUINDON (Marius),

Né à Marseille, Elève de Loubon.

165. + Moutons aux champs ; site de Provence.
166. + Buffles : Environs de Rome.

HANOTEAU (Hector),

**Né à Decize (Nièvre), élève de M. J. Gigoux.
Méd. Paris 1864, 1868 et 1869. ✿ 1870. —**
*Passage Stanislas, 11, rue Notre-Dame-des-
Champs, à Paris.*

167. + La chasse.

HAUSSY (Arsène d'),

Né à Paris. — *Rue du Château, 9, à Pau.*

168. ┼ La herse ; matinée au Bezer.
169. ┼ Chienne et son petit ; terriers griffons.

HERVIER (Aubin),

Né à Saint-Etienne (Loire). — *Rue des Deux Cousins, 2, à Lyon.*

170. ┼ Bords du Rhône, près Lyon.
171. ┼ Chemin sous bois.

HILLEMACHER (Eugène-Ernest),

Né à Paris, élève de M. L. Cogniet. Méd. 2e cl. 1848. Rap. 1857 ; 1re cl. 1861. Rap. 1863 ; ✳ 1865. — *Rue Lafayette, 126, à Paris.*

172. ┼ La cave.
173. ┼ Le grenier.

HUAS (Pierre),

Né à la Rochelle. — *Rue de Châteaubriand, 11, à Paris.*

174. ┼ Enfant Napolitain, étude.
175. ┼   id.   id.

HUBERTI (Edouard),

Né à Bruxelles.— *Rue Rogier*, 263, *à Bruxelles.*

176. + L'Hiver.
177. + Fenaison.

HUGARD (Lina Mme),

Elève de **MM.** Achenbach et Hugard. — *Rue Billault*, 13, *à Paris.*

178. + Bouquet de roses.

HUGARD (Claude-Sebastien),

Né à Cluses (Haute-Savoie), élève de Diday.

Méd. Paris 3e cl. 1844; 2e cl. 1846.—*Rue Billault,* 13, *à Paris.*

179. + L'ambulance Américaine dans l'avenue de l'Impératrice pendant le siège de Paris.

KEELHOFF (François),

Né à Neerhaeren (Belgique), élève de l'Académie d'Anvers. ✠. — *Chaussée d'Ixelles*, 1, *à Bruxelles.*

180. + Site du Limbourg (Belgique).

KOCH (Mlle Elisa),

Née à Livourne (Italie), élève de M. C. Comte. — *Boulevard de Clichy*, 36, *à Paris.*

181. + Repos.

LABORDE (Louis-François),

Né à Saint-Pierre de Chignac (Dordogne). — *Chez M. Despaux, rue des Grands-Fossés, maison Pouyferrié, à Tarbes* (Hautes-Pyrén.).

182. — En Camargue.
183. — Souvenir de Saint-Nazaire.

LABORNE (Emile),

Né à Paris, élève de M. Jules Noël. — *Rue Joubert*, 31, *à Paris.*

184. + Vue de Dieppe.

LAFOSSE (Mlle Cecile-Berthe),

Née à Paris, élève de son père. — *Rue Blanche*, 72, *à Paris.*

185. + Le Favori.

LAMBERT (Fugène),

Né à Dijon, élève de M. Daubigny. — *Rue du Faubourg Poissonnière, 20, Paris.*

186. + Vue de Longpré (Somme).

LANGEROCK (Henri),

Né à Gand (Belgique). — *Boulevard des Italiens, 29, à Paris.*

187. + Troupeau de moutons en forêt.
188. + Forêt; souvenir des Vosges.

LANGLOIS née ROELLY (Mme E.),

Née à Paris, élève de M. Abel Lucas. — *Rue Jean-Bologne, 4, à Paris-Passy.*

189. + La lecture de la Gazette, aquarelle, d'après Van Ostade.

LARPENTEUR (Desvarreux),

Né à Baltimore (Etats-Unis d'Amérique), élève de l'Ecole des Beaux-Arts et de M. Français. — *Rue de Seine, 59, à Paris.*

190. + Le soir.

LARRIU (Auguste),

Né à Oloron (Basses-Pyrénées). — *Place St-Pierre, à Oloron-Ste-Marie.*

191. + Jeunes orphelines Alsaciennes.

LASSALLE (Louis-Simon),

Né à Paris, élève de MM. Paris et C. Muller.
192. + Le soutien de la Grand'Mère.

LAYS (Jean-Pierre),

Ne à Saint-Barthélemy Lestra (Loire), élève de Saint Jean. — *Rue Ste-Hélène, 41, à Lyon.*

193. + Une treille à la fenêtre.

LE COEUR (Jules-François),

Né à Paris. — *Rue Bonaparte, 138, à Paris.*

194. + Vue de Paris (la Glacière).
195. + Vue de la mare aux Fées (forêt de Fontainebleau).
196. + Embarras culinaire.

LEVESQUE (Mlle Marie),

Née à Paris, élève de Mlle Dubos. — *Rue de
Laval, 4, à Paris.*

197. + L'Amour vaincu ; d'après M. C.
Chaplin.

LORTE (Mlle Marie-Denise de),

Née à Limoges, élève de Mme de Cool. — *Chez
Mme de Cool, rue de Rennes, 89, à Paris.*

198. + Vénus d'après le Titien.

MAGUÈS (Louis),

Né à Toulouse, élève de Paul Delaroche. —
Rue Préfecture, 13, à Pau.

199. — Portrait de Mad^{elle} Mathilde Chini.
200. + Henri IV.

MALARD (Félix),

Né a Nice (Alpes Maritimes), élève de M. Gérôme.
— *Rue Adelaïde, 3, à Nice.*

201. + L'Anse des fourmis à Beaulieu, près
Nice.

202. + Vue prise de Monte Carlo (Monaco(.

203. + La rue de l'Eglise à Villefranche, près Nice.

204. + Environs de Beaulieu, près Nice.

MARCETTE (Henri),

Né à Spa (Belgique), élève de Koekock. — *Place Royale*, 15, *à Spa* (Belgique).

205. + Huttes sur les bords du Wayaï (environs de Spa).

206. + Les Fagnes, landes aux environs de Spa; printemps.

MASURE (Jules),

Né à Braine (Aisne), élève de M. Corot. Méd. Paris 1866. — *Rue de Rennes*, 145, *à Paris*.

207. + Marine par un temps couvert (Provence).

208. + Marine par un temps clair (id.).

MÉLIN (Joseph),

Né à Paris, élève de Paul Delaroche et de David
d'Angers. Méd. 3e cl. Paris 1843. 2e cl. 1845.
3e cl. 1855. Rap. 2e classe. 1857.

209. — Chiens terriers.
210. — Chiens d'arrêt.

MICHELEZ (Léon),

Né à Paris, élève de MM. Gleyre et Lavieille. —
Boulevard St-Michel, 119, à Paris.

211. — Canards sauvages.

MILHAU (Eugène),

Né à Marseille. — *Chez M. Boze, rue de l'Obélisque, 15, à Marseille.*

212. — Paysage ; effet de printemps.

MONTAUT (l'Abbé Xavier),

Né à Oloron-Ste-Marie (Basses-Pyrénées), élève
de son père et de M. Chouppes.— *Rue Sablière,
à Oloron-Ste-Marie* (Basses-Pyrénées).

213. — La Prudence.

MORIN (Mlle Léonie),

Née à Rouen, élève de M. G. Morin, son père. — *Enclave Ste-Marie, à Rouen.*

214. ✝ Les maisons sur la falaise, Villerville (Calvados).

MORIN (Gustave),

Né à Rouen, élève de MM. Chaumont et L. Cogniet. ✱ 1863. — *Enclave Ste-Marie, à Rouen.*

215. ✝ L'histoire du Compagnon d'armes.
216. ✝ Le pêcheur Normand.
217. ✝ Le solliciteur.

MORRIS (Henry),

Né à Liverpool (Grande-Bretagne), élève de M. Drolling. — *Boulevard de la Seine, 23, à Poissy* (Seine-et-Oise).

218. ✝ La porte Saint-Nicolas à Cagnes (Alpes Maritimes).
219. ✝ L'abreuvoir à Poissy (Seine et Oise).
220. ✝ Effet de neige ; le pont de Poissy (id.).

MOULINET (Edouard-Joseph),

Né à Cloyes (Eure-et-Loir), élève de MM. Eug. Giraud et Ch. Gleyre. — *Au Mousseau, près Chartres* (Eure-et-Loir).

221. + Enfants en prière.

222. + L'inspection du panier; départ pour l'école.

MOUTTE (Alphonse),

Né à Marseille. — *Chez M. Boze, rue de l'Obélisque, 15, à Marseille.*

223. + Etang de Marignane (Provence).

NIEDERHAUSEN-KOECKLIN (F.-Louis),

Né à Yverdon (Suisse), élève de Calame. — *A Mulhouse* (Alsace).

224. + Le lac de Neuchâtel en Suisse, depuis Yverdon (effet d'automne).

NODE (Charles),

Né à Montpellier (Hérault). Méd. Paris 1845. — *Rue Volfère, 6, à Montpellier.*

225. + Les bords du Lez (environs de Montpellier).

226. + Vue de St-Jean du Bruel (Aveyron).

NOEL (Jules),

Né à Quimper, élève de M. Charioux. Méd. Paris 3e cl. 1853. — *Quai Malaquais*, 21, *à Paris.*

227. + Souvenir du Tréport.

OUVRIÉ (Pierre-Justin),

Né à Paris, élève d'Abel de Pujol, Taylor et Châtillon, architecte. Méd. Paris 2e cl. 1831 ; 1re cl. 1843 ; ✳ 1854. Méd. 3e cl. 1855. — *Place Pigalle*, 11, *à Paris.*

228. + Vue prise à Salzbourg (Tyrol).
229. + Le Weverberg à la Haye (Hollande).

PARERA (Joseph),

Né en Espagne. ✳ ✳.

Avenue Porte-Neuve, 7, *à Pau.*

230. — Portrait de Mlle P.***
231. — Portrait de M. A. B.***
232. + Une perdrix.

PIERDON (François),

Né à Saint-Géraud-le-Puy (Allier), elève de M. Hanoteau. — *Rond-Point*, 19, *à Boulogne* (Seine).

233. ✛ Une soirée sur les bords de la mare aux fées, (forêt de Fontainebleau)

PINTA (Amable-Louis),

Né à Ervy (Aube), élève de M. Ferd. Dupuis. — *Rue du Cardinal Lemoine*, 62, *à Paris*.

234. ✛ Un ânier.
235. ✛ Paysage du Morvan.

PONTHUS-CINIER (Antoine,)

Né à Lyon. — *Avenue de l'Archevéché*, 1, *à Lyon*.

236. ✛ La côte Zerbert, frontière d'Espagne.

PODOLECKI (Thaddé),

Né en Pologne, élève d'Eugène Devéria. — *Rue Armand-Laity*, 87, *à Pau*.

237. ✛ Pic du Midi d'Ossau et plaine d'Arudy, vue prise de Sevignac; effet du soir.
238. ✛ Au dessus de la cascade de Cerizey près Cauterets; effet du matin.

PRADELLES (Hippolyte),

Né à Strasbourg, élève de Gabriel-Guérin. — *Rue de Cheverus*, 25, *à Bordeaux.*

239. + L'étang de Cazeau, près Arcachon.
240. + L'automne, près Bordeaux.

QUEYROY (Louis-Armand),

Né à Vendôme (Loir-et-Cher), — *Rue Neuve*, 11, *à Moulins* (Allier).

241. + Le Gué.
242. + La roche aux mouettes.

RACINE (Joseph-Eugène),

Né à la Guadeloupe, élève de M. E. Lejeune. — *Avenue du Chemin de fer à Fontainebleau.*

243. + En l'absence des maîtres.
244. + Les prunes.
245. + Nature morte.

REGAMEY (Guillaume),

Né à Paris, élève de M. Lecocq de Boisbaudran.
Méd. Paris 1868 — *Rue Greuze*, 22, *Paris-Passy*.

246. — Un Jalonneur; Sapeurs du 2e grenadiers de la garde Impériale.

REYNAUD (François),

Né à Marseille, élève d'E. Loubon. Méd. Paris
1867. — *Rue de Douai*, 65 *à Paris*.

247. + Lazzaroni mangeant une pastèque.
248. + Le Miroir; jeune fille Italienne.

REYNOARD (Joseph),

Né à Bollène (Vaucluse). — *Place Bouquerie*,
5, *à Nîmes* (Gard).

249. — Portrait de Mme R.***
250. + Ste Cécile.

RICHARD (Antonin),

Né à Châlons-sur-Saône, élève de M. L. Cogniet.
— *Grande Rue*, 57, *à Châlons-sur-Saône*.

251. + Le Fumeur.
252. + Le Déjeuner.

RIVOIRE (François),

Né à Lyon, élève de l'Ecole des Beaux-
Arts de Lyon. — *Rue de Lyon*, 30, *à Lyon*.

253. — Lilas blancs et bruyères.
254. — Paquerettes.

ROBBE (Louis),

Né à Courtray (Belgique). Méd. Paris 1844.
✳ 1845. Méd. Paris 1855. O ✳. — *Rue Joseph
II*, 22, *à Bruxelles*.

255. — Animaux au paturage.

ROBICHON (Jules),

Né à Paris. — *Rue Serviez*, 17, *à Pau*.

256. — Paysage; vieux gave, à Lacq (Basses-
Pyrénées); coucher du soleil.

ROSLIN née BLANCHE (Mme Emma,)

Née à Paris, élève de M. L. Cogniet. — *Rue
de Chabrol*, 14, *à Paris*.

258. — Jeune femme à sa toilette.

ROUND (Fréderic Peel),

Né à Londres, élève de Armand Fréret. — *Rue Henri IV*, 30, *à Pau.*

259. — Effet de soleil couchant.
260. — Nature morte.
261. + Nature morte.
262. — Etude au fusain.
263. — Etude au fusain.

SALLÉ (Pierre),

Né à Bordeaux, élève d'H. Flandrin. — *Rue Terme*, 14, *à Lyon.*

264. + Vieille fileuse.

SALLES (Jnles),

Né à Nimes (Gard), élève de P. Delaroche. — *Place St-Paul*, 4, *à Nimes* (Gard).

265. + La marchande de marrons (scène Italienne).

SALLES-WAGNER (Adélaïde),

Née à Dresde, élève de M. C. Jacquand. —
Place St-Paul, 4, à Nimes.

266. ✝ Vanité.

SARRADON née de BRANDIS
(Mme Berthe),

Place du Palais, à Pau.

267. — Matin au lac.

SAULSON (Mlle Léontine),

Née à Varsovie, élève de M. Jules Breton. —
Boulevard des Batignolles, 29, à Paris.

268. ✝ Le livre d'images.

SCHMIDT (Lucien),

Né à Miellin (Haute-Saône). élève de Bonnefond,
H. Flandrin, Grobon. — *Rue d'Orléans*, 63,
à *St-Quentin* (Aisne).

269. + Canards.
270. + Pigeons.
271. + Poires.
272. + Pommes.
273. + Taureau noir.
ſ174. + Bœuf à l'étable.

SEBILLOT (Paul),

Né à Matignon (Côtes-du-Nord), élève de M.
Feyen-Perrin. — *Rue Mazarine*, 20, à *Paris*.

275. + Marée basse à l'embouchure d'une
rivière (Bretagne).
276. + Un chemin creux en Bretagne, hiver.
277. + Un chemin marécageux, hiver (eau
forte).
278. + Marine et paysage (eau forte).

SERRES (Antony),

Né à Bordeaux. — *Avenue de Custine*, 3, *à St-Gratien près Enghien-les-Bains* (Seine-et-Oise).

279. + Le pêcheur à la ligne.
270. + Le rêve de Claudine.

SINET (Hippolyte),

Né à Péronne (Somme), élève de M. Couture. — *A Villennes près Poissy* (Seine-et-Oise).

281. + La quêteuse.
282. + Une veillée de village.

STOP (L.-Morel-Retz),

Né à Dijon (Côte-d'Or), élève de M. Gleyre. — *Rue de Bruxelles*, 13, *à Paris*.

283. + Marchand d'eau fraîche au Caire.
284. + Une dame Turque à Scutari.

TEYSONNIÈRES (Pierre),

Né à Albi (Tarn), élève de son père. — *Cours des Fossés*, 92, *à Bordeaux*.

285. + Fontaine miraculeuse à Verdelais.
286. + Fleurs dans une choppe.
287. + Portrait d'un Turco de Reïchoffen.
288. + Le Pont et la Cathédrale d'Albi.
289. + La rivière du Dadon près Labressole (Tarn).

TOURNY (Mme Ernestine),

Née à Paris, élève de MM. Henry Scheffer et J. Tourny. — *Calle San Juan*, 63, *à Madrid*.

290. + Une Andalouse.
291. + Filles à la fontaine.

TOURNY (Joseph-Gabriel),

Né à Paris, élève de M. Martinet. Méd. Paris 1861. Rap, 1863. Méd. 1868. ✳.

292. + Les Lances, d'après Velasquez.

TRINQUIER (Antonin),

Né au Vigan (Gard), élève de M. Matet. — *Rue du Consulat, 8, à Montpellier.*

293. + Le déjeuner du prolétaire.
294. +Intérieur de cuisine à Millau (Aveyron).

URRIZA (Mme Louise de);

Né à Dunkerque (Nord), élève de M. Lafond. — *Rue des Ecoles, 51, Paris.*

295. + La Vierge aux roses.

VALERIO (Théodore),

Né à Herserange (Moselle), élève de Charlet. Méd. 3e cl 1859. ✻. 1861. — *Rue de Luxembourg, 22, à Paris.*

296. + Souvenir de Nice.
297. + Pandoures et marchands Bosniaques.
298. + Berger Monténégrin,

VALETTE (Raymond),

Né à Toulouse (Haute-Garonne). — *Rue Serviez,*
20, à Pau.

299. + Les montagnes; vallée d'Osseau.
300. + Le Pic du Ger; route des Eaux-
Bonnes; étude.
301. + Souvenir de la vallée d'Aspe.
302. + Scierie de Gabas (Basses-Pyrénées).

VALETTE (Julien),

Né à Cahors (Lot), élève de son père, — *Rue*
Serviez, 20, à Pau.

303. + Une scierie à Laruns (Basses-
Pyrénées).
304. + Vue du château de Pau.

VENAT (Victor),

Né à Pau, élève de Cicéri. — *Rue du Château.*
9, à Pau.

205. ✝ Marchands Espagnols.
306. ✝ Vue prise du Parc du Château de Pau.
307. ✝   id.   id.   id.

VERDILLON (Emmanuel),

Né à Marseille, élève de M. Bouillon-Landais. —
Rue Breteuil, 67, à Marseille.

308. ✝ Fleurs dans un vase.
309. ✝ Fleurs dans une corbeille.

VERGEZ (Eugène),

Né à Bordeaux, élève de M. E. Bernède. —
Rue d'Aviau, 41, á Bordeaux.

310. ✝ Vue prise aux Sables d'Olonne (Vendée).
311. ✝ Une ferme dans les Landes.
312. ✝ Vue de St-Jean-Pied-de-Port.

VERNIER (Emile),

Né à Lons-le-Saulnier (Jura), élève de M. Collette.

313. + Vue de Maisons Laffitte.

VIOLLET-LE-DUC (Adolphe),

Né à Paris, élève de M. Léon Fleury. Méd. Paris 1852. Rap. 1861. Méd. 1870. — *Rue Porte-Neuve, 8 , à Pau.*

314. + Plage de Provence; Hyères (Var).

WEBER (Théodore),

315. + La Seine à Vaux, près Thiel.

WILLENICH (Michel),

Né à Alexandrie (Egypte), élève de MM. G. Boulanger et Kuwasseg. — *Rue Madrid , 15, à Paris.*

316. + Vue de la vieille douane à Constantinople.

317. + Une chûte d'eau en Styrie (Autriche).

ZAMBEAUX (Léon),

Né à Tarbes (Hautes-Pyrénées). — *Rue des Pyrénées, 69, à Tarbes.*

318. + Bords de l'Echez.
319. + Chataigniers de Novembre.
320. + Un bouquet de saules.

ZO (Achille),

Né à Bayonne, élève de M. T. Couture. Méd.
Paris 1868. — *Rue du faubourg St-Denis, 174,
à Paris.*

321. + Le rève d'un croyant.
322. + Le soir.

> Le soir ramène le silence :
> Assis sur ces rochers déserts,
> Je suis, dans le vague des airs,
> Le char de la nuit qui s'avance.
>
> [LAMARTINE].

323. + Embuscade.
324. — Portrait de Madame Z.***

SCULPTURE.

ALEXANDRE (Louis-Joseph),

Né à Magnant (Aube). — *Passage de l'Alsace, 11, à Pau.*

325. — Christ, buste en plâtre.

BOUILLÉ (Comte Roger, de),

Né à Nevers (Nièvre), élève de M. Girard — *Rue Bayard, à Pau.*

326. — Pied d'izard (bronze).

GARNAUD (Charles-Achille),

Né à Paris, élève de M. A. Toussaint. — *Avenue Trudaine, 7, à Paris.*

327. + Enfant jouant au bord de l'eau (bronze).

HOPKINS (John),

Né à Boulogne-sur-Mer (Pas-de-Calais), élève de
M. Toussaint. — *Rue de Calais*, 20 *à Boulogne-sur-Mer*.

328. + Une baigneuse (terre cuite).
329. + La science (id.   ).
330. + Gibier (id.   ).

PARMANTIER (Charles-Isidore-Gustave),

Né à Villejuif (Seine). — *Rue Linné,* 8, *à Paris*.

331. + Un combat de cerfs (Bronze).
332. + Chèvre de Cuba et son petit (Bronze).

ARCHITECTURE.

GAUBERT (Henri),

Né à Toulouse , élève de M. U. Vitry. — *Rue Bayard*, 9 , à *Pau.*

333. — Projet de transformation de l'ancien Palais de Justice de la ville de Pau en Hôtel de Ville.

LE COEUR (Charles-Jùstin),

Né à Paris , élève de M. Henry Labrouste. — *Rue Humboldt*, 23 , à *Paris.*

334. — Hôtel du Prince Bibesco (exécuté à Paris).
335. —   id.   id.   id.
336. —   id.   id.   id.
337. —   id.   id.   id.

PAU, IMPR. DE E. VIGNANCOUR.